JACQUES MALEVILLE,

MEMBRE DU CONSEIL DES ANCIENS,

DÉPUTÉ DE LA DORDOGNE,

A SES COLLÈGUES ET A SES COMMETTANS,

CITOYENS,

IL y a deux mois qu'un journaliste qui s'intitule *l'Observateur du département de la Dordogne*, s'évertue à me dire des sottises ; il les étend à tous mes collègues de députation, excepté Lamarque, qu'il qualifie au contraire de seul & unique Représentant de ce département. Je ne sais si cette exception plaît beaucoup au citoyen Lamarque ; mais, pour moi, après avoir parcouru ses feuilles, digne produit d'un ancien continuateur du *Père Duchêne* ; après avoir vu quels étoient ses héros & ses collaborateurs (1) ; après avoir lu sur-tout sa fameuse adresse au Conseil des

---

(1) Je les connois bien ; & leurs noms, si je les disois, sont assez fameux pour dispenser de beaucoup de commentaires ; mais je veux encore laisser place au repentir.

Anciens, que le bureau n'a pas voulu lire, ou que le correfpondant n'a pas ofé remettre, je me fuis fenti très-honoré de la préférence qu'il me donne en injures fur tous mes collègues, & j'aurois été bien humilié de fes éloges.

J'aurois pu me difpenfer de répondre à cette anarchique production; & fi quelqu'un étoit tenté d'y croire, je ne voudrois lui impofer d'autre peine que l'obligation de la lire. Cependant comme parmi mes bons concitoyens de la Dordogne, il en eft qui pourroient douter que ce qu'on leur dit écrit en belles lettres moulées ne contient que des menfonges, & que c'eft fur-tout de l'eftime de ces bonnes gens que je fuis jaloux, que je veux bien qu'ils fachent que je fuis toujours tel qu'ils m'ont vu au milieu d'eux, dans l'exercice des fonctions dont ils m'ont honoré; comme encore je fuis bien perfuadé que fi chacun de nous étoit mieux connu de fes collègues, on verroit ceffer beaucoup de préventions bien funeftes à la chofe publique : je vais d'abord faire, en très-peu de mots, l'hiftoire de ma vie politique; & je répondrai enfuite tout auffi brièvement aux calomnies du journalifte, ou, pour mieux dire, de fes fouffleurs, car il ne me connoît pas.

Je fuis né dans la médiocrité, & je m'y fuis maintenu par mon travail & mon économie, malgré le nombre de fix enfans que j'élève à la patrie. Dès l'aurore de la révolution, je me fuis prononcé pour elle; & mes écrits font les premiers qui aient défendu & propagé la liberté dans mon département; l'on m'a fouvent dit que fi je n'avois pas été député à l'Affemblée conftituante, c'eft parce qu'on m'avoit trouvé trop exalté; &, en effet, je difois alors des chofes bien étranges dans un département méditerranée, & qui n'avoit prefqu'aucune relation avec la capitale : cependant les événemens me juftifièrent bientôt; & depuis que le peuple a recouvré fa fouveraineté, il n'a ceffé de me donner des marques de fa confiance. J'ai été d'abord nommé maire de ma commune, puis adminiftrateur & préfident du directoire du département à fa formation, & c'eft moi qui, au nom de cette première assemblée légale, rédigeai, pour la Constituante, une adresse que celle-ci jugea d'un assez bon esprit pour devoir être imprimée à la suite de son procès-verbal (1). J'ai été ensuite élu membre du tribunal de cassation dès qu'il fut établi, & enfin l'an 4, membre du Conseil des Anciens. Je suis acquéreur de biens nationaux, &, ce que peu de personnes ont fait peut-être, j'ai vendu ma maison patrimoniale pour me loger dans un couvent, aux réparations duquel je fais depuis un an travailler sans relâche.

Quant à ma moralité, j'ai exercé pendant plus de vingt ans la profession d'avocat à Bordeaux ou dans mon pays natal avant la révolution. Depuis, j'ai toujours été juge ou administrateur, c'est-à-dire, toujours sous les yeux de mes concitoyens : que celui qui croit que je lui ai fait quelqu'injustice par faveur, par haine ou par intérêt, se lève pour m'accuser.

Voilà mes titres & ma position. Voyons maintenant ce dont m'accuse la faction dont le journaliste est l'organe.

J'étois, lors des élections de l'an 4, un émissaire de la section Lepeletier, qui m'avoit chargé d'organiser à l'autrichienne le département de la Dordogne. . . . . . . Il falloit que cette section fût bien en peine d'émissaires, pour s'adresser à moi, qui n'ai de ma vie été dans cette section ni dans aucune autre. Mais pourquoi le journaliste ne m'a-t il tout simplement accusé d'être l'un des chevaliers du poignard, l'un des chefs de la Vendée, l'un des généraux des chouans? cela eût été plus tranchant, & n'eût été ni plus absurde ni plus long à dire.

C'est par une intrigue royaliste que j'ai été nommé au Corps législatif en l'an 4!. . . . . Il falloit donc que cette intrigue fût bien conduite ; car j'ai été nommé, au premier tour de scrutin, à la majorité de plus des deux tiers des voix. Mais de quelle intrigue pouvoit-on avoir besoin pour

---

(1) On la trouvera à la suite de cet écrit, & je n'ai pas besoin de dire que ce n'est pas à cinquante-sept ans qu'on change d'opinion sur des objets qu'on a médités toute sa vie.

A 2

4

faire nommer un homme qui, depuis la révolution, avoit toujours été honoré des suffrages de ses concitoyens ?

C'est moi qui ai dirigé les élections royalistes de l'an 5 !.... Si j'avois contribué à beaucoup de choix faits en l'an 5 par l'assemblée électorale de la Dordogne, je m'en ferois gloire : mais la vérité est que je ne connoissois aucun des administrateurs qu'elle choisit ; que, sur quatre députés par elle nommés, il en est trois que je n'avois jamais vus, avec lesquels je n'avois jamais eu aucune relation avant leur arrivée au Corps législatif, & que l'homme que je m'étois permis de recommander, à son insçu, aux électeurs de mon canton (car pendant mon congé, je ne sortis pas de ma petite commune) mon vertueux ami, Beaupui, n'obtint pas la pluralité des suffrages.

J'ai été de la société de Clichi !......... Il est vrai que j'ai été quelquefois à Clichi avec plusieurs de mes collègues, dont le Corps législatif s'honore, & que j'ai vu là comme ailleurs prêcher la paix, la justice & la constitution ; mais je dois dire aussi qu'il y avoit plus d'un an que je ne m'y étois trouvé lorsque cette société s'est dissoute, & que depuis long-temps je me suis promis de n'être jamais d'aucun club, cercle ou réunion, comme on voudra les appeler, parce que je veux être libre dans mon opinion, & que je fais profession de ne jurer sur la parole d'aucun maître.

J'étois un des poursuivans, des complices de Pichegru, de Willot, de Barthelemi, de Carnot, &c. !........ Je n'ai jamais vu Pichegru de plus près que des bancs du Conseil des Cinq-Cents, où la curiosité m'avoit attiré, à son fauteuil de président. Quant aux autres trois, je ne connois pas seulement leur figure. Vous savez, mes chers concitoyens, que je suis très-peu courtisan de mon naturel : l'on ne me voit pas dans les cercles, dans les salons ; je n'ai pas d'autre société que celle de mes enfans, qui seront, j'espère, un jour dignes de votre estime.

J'ai prononcé un discours pour m'opposer à la résolution qui donnoit au Directoire la faculté de remplacer les prési-

dans les accusateurs publics des tribunaux criminels nommés
en ...... Oui, j'ai prononcé ce discours ; & si la
question se reproduisoit, malgré mon respect pour la majorité, je m'y opposerois encore.

L'*Ami des Lois* a dit que ce discours étoit de fabrique
anglaise......! Mais, parce que l'*Ami des Lois* aura fait
une mauvaise plaisanterie, qui au reste ne fait-absolument
rien ni de son esprit, ni sur-tout de son cœur, puis-je
être rendre responsable de la bêtise d'un journaliste qui l'aura
citée comme une chose sérieuse ?

Je n'ai pas prononcé une seule opinion qui n'ait fait gémir
les vrais républicains !...... Les républicains à la Marat,
les républicains de l'espèce du journaliste de la Dordogne &
de ses collaborateurs, cela peut être ; mais presque toutes mes
opinions ont été imprimées : j'ai fait tirer à mes dépens, &
pour cause, quelques exemplaires de mon discours sur les
officiers des tribunaux criminels ; je suis prêt à les remettre
au critique le plus sévère qu'on voudra choisir, & je le
défie d'en extraire une seule ligne dans laquelle la constitution ne soit pas, je ne dis pas simplement respectée, mais
courageusement défendue en tout ce qui peut y avoir rap-
port. Il est vrai que le journaliste pourra me répondre par
cet argument sans réplique : *Vous embrassez la constitution,
mais c'est pour la mieux étouffer ; & sans doute la bonne manière est de l'étouffer pour la mieux embrasser.*

Voilà pourtant les bases sur lesquelles l'*Observateur de la
Dordogne*, qui observe si mal, a bâti son échafaudage de
calomnies ; & c'est-là l'extrait, aux injures près, de vingt pages
de sottises. Mais comme ses souffleurs ont bien jugé que je
serois peu affecté de ce tas d'absurdes impertinences, quand
ils les décupleroient encore, ils ont mis en scène ma femme
& mes filles. Et ici on retrouve le T...... tout pur ; on le
reconnoît sans peine à ses arlequinades, à son impudeur, à
son oubli de toute décence.

Ma femme, *l'antique fée Pauline*, ne veut pas recevoir de
monnoie républicaine.... Il est bien évident que ce n'est pas un

Jacques Malville.   A 3

républicain qui a donné cet article ; il parleroit avec plus d'égard de la mère de six enfans, de la tendre & vertueuse mère de six enfans....... Il faut ici que je respire un moment , & que je laisse aussi respirer le lecteur honnête....... Je reprends. Ce qu'il y a ici de bien singulier, c'est que l'auteur de cet article , qui me doit depuis cinq ou six ans 1,000 livres que je lui ai prêtées dans un besoin bien urgent , n'ait pas voulu commencer par s'assurer par lui-même si ma femme refuseroit son paiement en monnoie républicaine.

Quant à mes filles , il est impossible de parler de sang-froid de la lâcheté d'un homme qui ne craint pas l'infamie en provoquant, en injuriant , en poursuivant , & puis en mettant en jugement de jeunes personnes qui fuient pour ne pas entendre ses insultes , & qui n'ont d'autre reproche à se faire que celui de ne lui avoir pas craché à la figure quand il leur a mal parlé de leur père.

Jusqu'ici j'ai répondu aux faits, & je n'ai encore rien dit des injures ; elles méritent cependant quelques réflexions : elles sont telles qu'on pourroit tout au plus les adresser à des voleurs de grand chemin, à des brigands de la Vendée. Mes collègues, & moi sur-tout, y sommes traités de scélérats, d'assassins, de contre-révolutionnaires ; jamais nous n'y sommes rappelés qu'avec des épithètes avilissantes & du style le plus méprisant, ce traître, ce Boussion, ce Maleville, &c.

Ce style, & celui de l'adresse au Conseil des Anciens, colportée par le journaliste de la Dordogne , annoncent bien la liberté dont on jouit d'écrire, du moins contre le Corps législatif individuellement & en masse , & ce n'est pas moi qui proposerai jamais de mettre des entraves à cette liberté. Quand ses détracteurs ne mettroient pas leurs pensées au jour , ils ne les auroient pas moins ; il est même probable qu'ils ne disent pas tout ce qu'ils pensent ; or c'est de la manière de penser qu'il faut sur-tout s'assurer ; mais quel attachement voulez-vous qu'aient pour le gouvernement & la constitution, des gens qui s'expriment avec tant d'indécence sur le compre des principaux fonctionnaires, qui provoquent le mépris & l'opprobre sur les actes de la première autorité?

Ce sont cependant ces gens & leurs pareils, que l'*observateur de la Dordogne* prône dans son journal. Ce sont eux qui, pour demeurer maîtres des suffrages & arriver au Corps législatif, bouleversent le pays qui les a vu naître, ne rougissent pas de calomnier leur propre département, de le traduire & de le traiter comme une autre Vendée, tandis qu'il n'en est point qui, jusques-là eût été plus tranquille, où les lois aient été plus respectées, où l'on ait souffert les vexations de la terreur avec plus de patience; tandis que, depuis le 9 thermidor, il n'y a pas eu un seul mandat d'arrêt de décerné pour ces vexations, bien moins encore un seul assassinat de commis, bien moins encore un seul acquéreur de biens nationaux d'expulsé de son acquisition; tandis enfin que, s'il y a des royalistes, ce sont eux qui les ont faits par leurs excès & leurs atrocités, & qu'eux seuls encore font douter de la République.

Mais comme le gouvernement n'est vraisemblablement pas curieux d'être renversé, & qu'il voit facilement à quoi il devroit s'attendre de la part de gens de cette trempe & de cette audace, les bons citoyens doivent compter sur sa protection, & les menaces des méchans ne doivent pas les empêcher plus que moi de remplir rigoureusement leurs devoirs.

> *Justum & tenacem propositi virum*
> *Non civium ardor prava jubentium,*
> *Non vultus instantis tyranni*
> *Mente quatit solidâ.*

P. S. Je joins ici une copie de l'adresse du cercle constitutionnel de Périgueux, & une autre de celle que je fis pour l'Assemblée constituante, afin de mettre le lecteur à portée de juger par la comparaison ce que le département de la Dordogne a gagné pour les sentimens à changer d'organes.

EXTRAIT du nº. XVI de l'Obſervateur de la Dordogne, du 30 pluviôſe.

Des républicains de Périgueux réunis en cercle conſtitutionnel, au Conſeil des Anciens.

LÉGISLATEURS,

En Angleterre, on a la liberté de tout dire à ceux qui tiennent le gouvernement politique, comment ne l'aurions-nous pas en France? Aſſez long-temps on a traité d'anarchiſtes & de démagogues ceux qui ont eu le courage d'attaquer les erreurs & les fautes de l'autorité: il en doit être autrement après l'immortelle journée du 18 fructidor. Tous les ſymptômes de l'eſclavage, toutes les allures de la tyrannie doivent enfin diſparoître, & les Français offrir au monde le ſpectacle d'une grande famille uniquement régie par cet eſprit de franchiſe, de concorde & de fraternité, ſans lequel l'égalité ſeroit un vain nom, la République une chimère. Légiſlateurs, il faut le dire, vous n'êtes point aſſez en garde contre les reſtes impurs d'une faction qui cherche à ſe relever au milieu de vous : n'en doutez pas, certains individus échappés à la déportation s'agitent dans votre Conſeil, & ſouvent l'influencent de la manière la plus affligeante pour les amis de la liberté. Nous vous le demandons, quelles peuvent être les intentions de ces rigoriſtes, qui, pour ne rien dire de plus, ont vu de ſang-froid, pendant dix-huit mois, l'édifice conſtitutionnel crouler de toutes parts, & qui crient aujourd'hui à ſon renverſement, chaque fois que le Conſeil des Cinq-Cents propoſe des meſures rendues néceſſaires par les crimes des conſpirateurs & l'apathie des lâches? Que peut ſignifier un contraſte auſſi frappant entre leur coupable inſouciance d'alors & leur grande ſollicitude d'aujourd'hui? Une telle conduite ſeroit-elle pour vous ſeuls un problème?

Ne voyez - vous pas que l'unique espoir de salut de notre ennemi gît dans une opposition sourde aux lois républicaines, & que tous ses efforts doivent tendre à vous paralyser, & avec vous la volonté du peuple souverain qui seul constitue votre existence politique? Arrachez, il en est temps, le masque à des perfides, & vous serez tout étonnés de vous trouver encore assis à côté d'un grand nombre de vos plus mortels ennemis: alors nous n'aurons plus la douleur de voir tour-à-tour dédaignées ou rejetées des résolutions aussi sages qu'indispensables. Législateurs, il en est une tout-à-fait indépendante des hypocrites qui vous obsèdent : c'est celle prise par les républicains de la ville de Périgueux, de mourir plutôt que de souffrir que l'affreux royalisme reprenne sur eux aucun empire.

De lâches esclaves trouveront notre langage despectueux & avilissant ; qu'ils apprennent que la vérité honore également & celui qui la dit & celui qui l'écoute, & que l'autorité ne fut jamais avilie que par les fourbes & les adulateurs. Suivent quatre pages de signatures.

EXTRAIT du procès-verbal de l'Assemblée nationale, du 12 août 1790.

Adresse des électeurs du département de la Dordogne, dans laquelle ils expriment, avec une noble & mâle énergie, leur reconnoissance pour les travaux de l'Assemblée nationale. Elle est ainsi conçue :

« Les électeurs du département de la Dordogne, rassemblés enfin pour s'occuper en hommes libres de leurs grands intérêts, ont d'abord tourné leurs regards vers l'auguste Assemblée à laquelle ils doivent ce bien.

» Il n'y a guères plus d'un an que nous fûmes convoqués pour nommer des députés aux Etats généraux : mais quelle distance entre ces deux positions; quel prodigieux changement s'est opéré depuis dans nos mœurs & dans nos maximes !

» A cette époque fans doute nous réclamâmes contre les abus fous lefquels nous gémiſſions ; mais tel étoit notre abattement & le poids de nos fers, que nous crûmes avoir affez fait de nous en plaindre fans ofer remonte à leur fource.

» Il a fallu que l'Affemblée nationale jugeât d'après fa propre confcience, & non fur des vœux étouffés, de la profondeur de nos maux, & de la néceſſité des remèdes, & que confultant moins ce que nous avions dit que ce que nous avions dû dire, elle cherchât dans la raifon éternelle les bafes de notre régénération.

» Deux grands principes lui ont fuffi dans cette recherche ; l'un, que tous les hommes naiſſent libres & égaux en droits ; l'autre, que les gouvernemens ne font pas inftitués pour l'avantage des princes, mais uniquement pour la défenfe & la fûreté de ceux qui fe réuniffent fous cette inftitution.

» A peine des idées fi fimples, mais fi lumineufes, ont-elles été répandues, que des cris d'affentiment & d'admiration fe font élevés de toutes les parties de l'empire ; le bandeau de l'ignorance, fi favorable au défpotifme, eft tombé de nos yeux, & nous avons rougi d'avoir méconnu pendant tant de fiècles des vérités qu'il étoit fi facile d'appercevoir dans la nature même des chofes.

» Ces cris d'admiration n'ont pas été renfermés dans la France ; ils ont bientôt été répétés par toutes les nations civilifées ; & la renommée, portant rapidement audelà des mers le bruit de votre fageffe & de notre courage, déja tous les peuples de la terrre fe réveillent aux accens de la liberté que vos orateurs leur font entendre ; déja par une députation folemnelle ils font venus rendre hommage à votre génie, & demander de s'éclairer à fon flambeau.

» Que d'autres fe vantent d'avoir fait dans les arts des découvertes quelquefois utiles, d'autres fois funeftes, qu'ils nous ont laiſſées à perfectionner ; que d'autres encore foient affez inhumains pour mettre leur gloire à porter au loin le ravage & la mort, afin de satisfaire leur avarice insatiable ou leur ambition criminelle !

» Pour nous Français, de pareils objets sont indignes de notre vertu, ou au - dessous de notre grandeur : nos projets doivent être plus relevés ; & par notre masse, à l'abri de toute invasion étrangère, trouvant dans notre patrie tous les alimens de notre bonheur, notre but doit être de le faire partager à tous les hommes, après les avoir éclairés.

» Que tous les peuples de la terre oublient leurs calamités passées ! qu'ils reposent tranquillement à l'ombre du poids énorme que nous pourrions mettre dans la balance en faveur de la cause juste ! ou si notre constitution une fois bien assise, nous sommes obligés de déclarer la guerre, que ce soit pour délivrer de ses fers quelque contrée encore asservie ; & prenant pour modèle de nos traités de paix celui de Gélon avec Carthage, stipulons pour le genre humain qu'il est défendu à tous les despotes d'immoler des victimes humaines.

» Quelle reconnoissance la France ne vous doit-elle pas, messieurs, pour lui avoir ouvert à travers tant de dangers une si belle carrière ! Et comment excuser cette protestation insidieuse, par laquelle on a cherché à faire suspecter vos intentions ?

» Vous avez refusé, dit-on, de déclarer par un décret la religion catholique dominante dans l'Etat. . . . .

» Jusqu'à quand les peuples seront-ils dupes de l'équivoque du langage & des masques trompeurs sous lesquels un vil intérêt se cache ?

» Que signifie cette expression *religion dominante ?* Jamais deux idées plus incohérenttes furent-elles rassemblées ? La religion n'a pas été instituée pour dominer ; elle est faite pour consoler & pour instruire.

» Nous vous rendons graces, messieurs, & mille fois graces, d'avoir évité ce piége trompeur que la piété sembloit présenter à votre patriotisme, d'avoir si-bien défendu les vrais intérêts de la religion contre le petit nombre de catholiques de bonne foi qui étoient abusés par leur zèle, & contre le grand nombre d'hypocrites qui vouloient s'en faire un moyen pour exciter des troubles & pour conserver les abus dont ils jouissoient.

» Qu'aucun autre obstacle n'arrête votre marche ; & si, par des contradictions sans cesse répétées, on imaginoit encore de refroidir votre courage, songez que vous travaillez pour le bonheur, non des Français seulement, mais des hommes, & que vous ne devez pas laisser imparfaite la gloire d'avoir fait le code de l'univers. »

L'Assemblée nationale a donné à cette adresse un juste témoignage de satisfaction par des applaudissemens réitérés.

BAUDOUIN, Imprimeur du Corps législatif, place du Carrousel, n°. 662. Ventôse an 6.